THICH NHAT HANH

Cómo
escuchar

Traducción de Ana Pániker

editorial Kairós

Título original: HOW TO LISTEN by Thich Nhat Hanh

© 2024 by Plum Village Community of Engaged Buddhism, Inc.
   All rights reserved

© de la edición en castellano:
2025 by Editorial Kairós, S.A.
Numancia 117-121, 08029 Barcelona, Spain
www.editorialkairos.com

Ilustraciones © 2024 by Jason DeAntonis

© Traducción del inglés al castellano: Ana Pániker

Primera edición: Octubre 2025
ISBN: 978-84-1121-392-9
Depósito legal: B 17.224-2025

Fotocomposición: Florence Carreté
Tipografía: Californian, cuerpo 10,5, interlineado 16

Impresión y encuadernación: Índice. 08040 Barcelona

Sumario

Notas
sobre escuchar

El poder de escuchar

Escuchar profundamente a otra persona es una forma de meditación. Seguimos nuestra respiración, practicamos la concentración y aprendemos cosas de la otra persona que antes no sabíamos. Cuando practicamos esta escucha profunda, podemos ayudar a la persona a la que escuchamos a eliminar las percepciones que la hacen sufrir. Podemos restablecer la armonía en nuestras relaciones de pareja, nuestras amistades, nuestra familia, nuestra comunidad, nuestra nación y entre naciones. Es así de poderoso.

Debemos entrenar

Debemos escuchar a la otra persona para que tenga la oportunidad de expresarse. Hacemos todo lo posible por escuchar, pero al cabo de unos minutos ya no podemos continuar; su discurso toca el dolor, la violencia y la ira que hay en nosotros. Al principio, juramos que le daremos una oportunidad a la otra persona, pase lo que pase, aunque lo que diga resulte injusto o arduo de escuchar. Pero, debido a la violencia, el miedo, el dolor y la rabia que llevamos dentro, no podemos escuchar más de cinco minutos; queremos reaccionar, gritar o huir.

Hemos perdido nuestra capacidad de escuchar con compasión, y necesitamos entrenar para poder escuchar de nuevo.

Escucharnos
a nosotros mismos

Antes de poder escuchar bien a otra persona, tenemos que dedicar tiempo a escucharnos a nosotros mismos. A veces, cuando intentamos escuchar a otra persona, no podemos oír lo que nos está diciendo porque nuestras propias emociones y pensamientos son demasiado fuertes y reclaman toda nuestra atención. Deberíamos ser capaces de sentarnos con nosotros mismos, volver a nosotros mismos y escuchar qué emociones están surgiendo en nosotros, sin juzgarlas ni interrumpirlas. También podemos escuchar los pensamientos que aparecen y dejarlos pasar sin aferrarnos a ellos. Después de algún tiempo escuchándonos a nosotros mismos, podremos escuchar a los que nos rodean.

Comprender
nuestro sufrimiento

Cuando nos escuchamos profundamente, podemos comprendernos, aceptarnos, amarnos y empezar a tocar la paz. Tal vez aún no nos hemos aceptado porque no comprendemos quiénes somos; no sabemos cómo escuchar nuestro propio sufrimiento. De modo que, en primer lugar, debemos habituarnos a escuchar nuestro propio sufrimiento. Debemos estar junto a él, sentirlo y abrazarlo para comprenderlo y permitir que se transforme gradualmente. Tal vez nuestro propio sufrimiento lleve dentro el dolor de nuestro padre, de nuestra madre, de todo el linaje. Escuchándonos a nosotros mismos, podemos comprender nuestro sufrimiento, el sufrimiento de nuestros antepasados, el de nuestro padre y el de nuestra madre, y nos sentimos liberados.

Volver a casa
con plena consciencia

Cuando detenemos el ajetreo de la mente y volvemos a nosotros mismos, nuestro sufrimiento puede parecer muy intenso. Esto se debe a que estamos acostumbrados a ignorarlo y distraernos del dolor. Con estas distracciones puede que consigamos adormecernos durante un rato, pero el sufrimiento interior quiere que le prestemos atención y empeorará hasta que lo consiga.

Por eso, la primera práctica consiste en dejar de huir, volver a casa, a nuestro cuerpo, y reconocer nuestras sensaciones de sufrimiento: nuestra ira, nuestra ansiedad, nuestro miedo. El sufrimiento es una energía. La plena consciencia es otra energía a la que podemos recurrir para abrazar el sufrimiento. Su función consiste primero en reconocer el sufrimiento y, después, abrazarlo.

La práctica no consiste en luchar o reprimir la sensación, sino en acunarla con ternura. Cuando una madre abraza a su hijo, aunque al principio no entienda por qué está sufriendo, esa energía de ternura ya puede aliviarlo. Reconocer y mecer el sufrimiento mientras respiramos conscientemente nos aliviará.

Tu sufrimiento está intentando llamar tu atención, decirte algo, así que aprovecha la oportunidad para escucharlo.

Un amigo fiel

En nuestra vida cotidiana, respiramos, pero nos olvidamos de que estamos respirando. Aunque nuestro cuerpo está en un sitio, nuestra mente suele estar en otro. Prestar atención a la inhalación y la exhalación nos devuelve la mente al cuerpo. Y de repente estamos ahí, plenamente presentes en el aquí y el ahora. A esto se le llama plena consciencia de la respiración o respiración consciente. Es una práctica muy sencilla, pero su efecto puede ser enorme.

No necesitamos controlar nuestra respiración.

Sentimos la respiración tal y como es en realidad. Puede ser larga o corta, profunda o superficial. Independientemente de nuestro clima interno –nuestros pensamientos, emociones y percepciones–, la respiración siempre está con nosotros, como un amigo fiel.

Dejar de hacernos las víctimas

Al escuchar nuestro propio sufrimiento, debemos abandonar la idea de que somos víctimas de los demás. Nuestra falta de autoestima y nuestra ira nos han acompañado durante mucho tiempo. Son grandes obstáculos en nuestro camino de práctica. Debemos reconocerlos. Debemos ver que nuestro sufrimiento es nuestra herencia. Sólo esta comprensión ya nos ayudará a liberarnos. Podemos decirle a nuestro sufrimiento: «Estoy aquí para ti. Cuidaré de ti y te transformaré». De este modo, nuestra tendencia a culpar a los demás de nuestro sufrimiento, creyendo que es culpa de ellos, se desvanecerá de forma natural.

Aligera tu dolor

Con una visión profunda y amor, no sufriremos. Y si amamos y vemos en profundidad es porque nos hemos escuchado profundamente. Puede que nuestro sufrimiento y nuestras dificultades se hayan acumulado a lo largo de los años. Ahora podemos aprovechar esta oportunidad para aligerar nuestro sufrimiento, por nosotros mismos y por las generaciones que nos seguirán. Por eso debemos tener tiempo para sentarnos en paz y escuchar profundamente.

Sentarse en paz, escuchar profundamente

La meditación sentada es una forma de volver a casa y prestarnos plena atención y cuidado a nosotros mismos. Cada vez que nos sentamos, ya sea en nuestro comedor, al pie de un árbol o sobre un cojín, podemos irradiar tanta tranquilidad como Buda sentado en un altar. Prestamos toda nuestra atención a lo que hay dentro de nosotros y a nuestro alrededor. Dejamos que nuestra mente se vuelva espaciosa, y nuestro corazón, suave y bondadoso. Con sólo unos minutos así sentados, podemos restablecernos plenamente.

Cuando nos sentamos en paz, respirando y sonriendo con consciencia, tenemos soberanía sobre nosotros mismos.

La meditación sentada es curativa. Podemos simplemente estar con lo que sea que haya dentro de nosotros, ya sea dolor, ira, irritación, alegría, amor o paz.

Estamos con lo que hay sin dejarnos llevar por ello. Dejamos que venga, que se quede y que se vaya. No tenemos necesidad de empujar, oprimir o fingir que nuestros pensamientos no están ahí. En lugar de eso, podemos observar los pensamientos y las imágenes de nuestra mente con una mirada de aceptación y amor. A pesar de las tormentas que puedan surgir en nosotros, estamos quietos y en calma.

Sentados y respirando, producimos nuestra verdadera presencia en el aquí y el ahora y la ofrecemos a nuestra comunidad y al mundo. Éste es el propósito de sentarnos: estar aquí, plenamente vivos y plenamente presentes.

Disfrutar de nuestros pasos

Meditar caminando consiste tan sólo en disfrutar del andar mismo, sin ser un medio para conseguir un fin. No ponemos nada por delante ni corremos tras nada. Disfrutamos de nuestros pasos sin ningún objetivo o destino en particular. Ya hemos llegado.

Nuestra mente tiende a lanzarse de una cosa a otra, como un mono que se balancea de rama en rama sin parar a descansar. Los pensamientos siguen millones de caminos, y siempre nos arrastran hacia el mundo del olvido. Si podemos transformar nuestro camino en un campo de meditación, nuestros pies darán cada paso con plena consciencia. Nuestra respiración estará en armonía con nuestros pasos y nuestra mente estará naturalmente en paz.

Detenerse
y escuchar la campana

Una campana de plena consciencia es una herramienta para ayudarnos a llegar. No tiene por qué parecerse a una campana ordinaria. Cualquier sonido que te recuerde que prestes atención a tu respiración puede ser una campana de plena consciencia: el sonido del viento, el de un pájaro, incluso el de los coches o el llanto de un bebé. Todos ellos son una llamada de Buda para volver a nosotros mismos. Practicar de vez en cuando con una campana real es provechoso y, una vez que aprendes, puedes hacerlo con la campana, puedes practicar con otros sonidos. Aprendemos que no es un Buda exterior el que nos llama a volver a nosotros mismos, sino nuestro propio Buda interior.

Cuando escuchamos una campana, todo se detiene. Dejamos de andar, dejamos de movernos, dejamos de hablar; no sólo callamos nuestras bocas, sino que también silenciamos la mente y volvemos a la respiración y al cuerpo. Nos tomamos ese momento para descansar de verdad, comprobar cómo está nuestro cuerpo y soltar cualquier tensión.

¿Por qué estoy aquí?

Cuando te sientas a meditar puedes preguntarte: «¿Por qué estoy aquí?». Si te escuchas a ti mismo y a la campana de plena consciencia con suficiente profundidad, la respuesta se te revelará por sí sola.

Atención adecuada

Cuando oímos el sonido de una campana, podemos poner toda nuestra atención en él. Así practicamos la atención adecuada.

Las enseñanzas budistas distinguen dos tipos de atención: la atención apropiada y la atención inapropiada. Cuando nuestra mente se dirige hacia algo bello, sano o espiritual, beneficia a todo nuestro ser, a toda nuestra conciencia. En esto consiste la atención apropiada.

Si tu atención se centra en algo violento o no saludable, tu mente puede llenarse de tristeza, ira y prejuicios. En esto consiste la atención inadecuada. Con la plena consciencia podemos practicar la atención adecuada, centrándonos en lo que es bueno y saludable, y regar en nosotros las semillas de la paz, la alegría y la liberación.

Así, cuando enfocamos nuestra mente en un objeto sano, regamos las semillas bellas y saludables que hay en nosotros. Nos establecemos en el aquí y el ahora, tocamos la profundidad de nuestro ser y recibimos sanación y paz: eso es lo que llamamos atención apropiada.

Escuchar
con plena consciencia despierta la concentración y la visión clara

Si practicamos lo suficiente, seremos capaces de dejar de hablar y pensar cada vez que oigamos la campana. Volveremos a nuestra respiración y generaremos la energía de la plena consciencia, la concentración y la visión clara.

La energía de la plena consciencia es la plena consciencia del momento presente. Esta energía lleva en sí misma la energía de la concentración. Cuando estás plenamente consciente de algo, ya sea una flor, un amigo o una taza de té, te concentras en eso, en el objeto de tu plena consciencia. Cuanto más plenamente consciente estés de eso, más concentrado estarás, pues la concentración nace de la plena consciencia. Y si estás lo suficientemente concentrado, obtendrás la energía de la visión profunda, la sabiduría. La plena consciencia, la concentración y la visión profunda son las energías de las cuales está compuesto Buda. Estos tres tipos de energía pueden transformar nuestras energías de hábito y conducir a la sanación y la nutrición.

El silencio
viene de tu corazón

El silencio es algo que viene de tu corazón, no del exterior. Si eres verdaderamente silencioso por dentro, entonces no importa dónde te encuentres, puedes disfrutar del silencio. Silencio no significa que no hablemos o hagamos cosas. Silencio significa que hay un silencio interior, que nuestra mente no está perturbada, que no hablamos, que no rumiamos por dentro.

Transformar las energías de los hábitos

«Estoy aquí» significa que existo. Estoy aquí de verdad porque no estoy perdido en el pasado, en el futuro, ni en mi pensamiento, en el ruido interior o el exterior. Gracias a la práctica de la respiración plenamente consciente, podemos liberarnos de las cacofonías de nuestra cabeza y de nuestras energías de hábito que no nos ayudan o no nos benefician.

Hay una fuerte energía en cada uno de nosotros llamada «energía de hábito». Todos tenemos energías de hábito que nos hacen decir y hacer cosas que no queremos. Intelectualmente, podemos saber que hacer o decir una cosa determinada nos causará mucho sufrimiento, y aún así acabamos haciéndola o diciéndola de todos modos, y más tarde nos arrepentimos. Una vez que decimos o hacemos algo, el daño ya está hecho; no podemos volver atrás.

Aunque te prometas no repetir tu error en el futuro, la próxima vez que se presente la situación acabarás haciendo lo mismo. Éste es el poder de las energías de hábito que tus padres y antepasados pueden haberte transmitido.

La respiración consciente puede ayudarte a reconocer las energías de hábito cuando surgen. No tienes que luchar contra esa energía; sólo tienes que reconocerla como tuya y sonreírle. Nada más. Reconócela y sonríele, y entonces serás libre. Ésta es una forma maravillosa de protegerte a ti mismo y de proteger a los demás.

Nuestros pensamientos nos impiden oír

L a mayoría de nosotros tenemos una radio sonando constantemente en nuestra cabeza sintonizada en la emisora Radio NPP (Radio No Parar de Pensar). La mayor parte de este pensamiento es improductivo. Cuanto más pensamos, menos disponibles estamos para todo aquello que nos rodea. Por lo tanto, tenemos que aprender a apagar la radio y dejar de pensar para poder disfrutar plenamente del momento presente.

Silencio atronador

Para ser verdaderamente nosotros mismos, debemos ser libres. ¿Libres de qué? Libres del pensamiento, de la ansiedad, del miedo y del anhelo. Cuando desaparece el ruido en nuestro interior, se produce el vacío del sonido. Este tipo de silencio es extremadamente elocuente, extremadamente poderoso; lo llamamos «silencio atronador». Sobre el fondo de este tipo de silencio, se oye con mucha claridad.

Tu corazón te está llamando; está intentando decirte algo, pero puede que no seas capaz de oírlo porque tu mente está llena de ruido, de pensamientos. Pero cuando eres capaz de acallar todo el alboroto de tu interior y establecer el silencio –un silencio atronador– empiezas a oír, desde dentro, la llamada más profunda.

Nutrirnos

En las enseñanzas de Buda, las impresiones sensoriales se consideran una especie de alimento. «Comemos» con nuestros seis órganos sensoriales: ojos, oídos, nariz, lengua, cuerpo y mente. Un programa de televisión es comida; una conversación es comida; la música es comida; el arte es comida; las vallas publicitarias son comida. Cuando conduces por la ciudad, consumes estas cosas sin darte cuenta ni consentirlas. Lo que ves, lo que tocas, lo que oyes es comida.

Estos artículos de consumo pueden alimentar en nosotros la comprensión y la compasión o pueden ser altamente tóxicos. Muchos de ellos riegan semillas de ansia, desesperación y violencia.

Si no sabemos consumir con atención, las toxinas de la violencia, la desesperación y el ansia penetran hasta lo más profundo de nuestro ser. No es cuestión de ingerir menos o más, sino de consumir con plena consciencia.

Cuando escuchas la voz de alguien que está lleno de compasión, comprensión, paciencia y amor, estás consumiendo un alimento saludable. Cuando aprendas a alimentarte con comprensión y compasión, tú también serás capaz de producir pensamientos sanos y nutritivos.

¿Qué hemos estado consumiendo?

Cuando nos sentimos deprimidos, Buda nos aconseja que miremos profundamente nuestra melancolía para encontrar la fuente de nutrimento con la que la estamos alimentando, ya que no se puede sobrevivir sin comida. ¿Qué hemos estado consumiendo? ¿Cómo y dónde hemos vivido? Es posible que hayamos consumido ideas, creencias, pensamientos, conversaciones, noticias, sonidos e imágenes que hayan contribuido a nuestra depresión. Buda dijo: «Cuando eres capaz de ver la fuente de nutrimento que ha dado origen a algo, ya estás en el camino de la emancipación». Es importante cortar la fuente de nutrientes para que nuestra depresión pueda sanar. No debemos alimentarla más. El consumo consciente es crucial para protegernos a nosotros mismos, para nuestro bienestar y para el bienestar de nuestra comunidad.

La visión profunda
nace de la escucha

En los *sutras*, algunas personas alcanzaron la iluminación tras escuchar una sola charla de Buda en torno al *Dharma*. No compararon lo que ya sabían con lo que Buda estaba diciendo. En lugar de ello, simplemente abrían su corazón, permitiendo que la lluvia del *Dharma* impregnara el suelo de la mente. De este modo, podían germinar las semillas del despertar, que conducían a la comprensión inmediata.

La iluminación no es una cuestión de teoría, de ideas o de pensamiento; es una cuestión de visión profunda. Y la visión profunda nace gracias a una mirada y una escucha profundas.

Dejar ir

Cuando escuchamos a alguien, ya nos hacemos una idea sobre lo que se está diciendo. Tendemos a sacar a relucir y comparar lo que ya sabemos con lo que estamos oyendo. Si las dos cosas coinciden, decimos: «Ah, es cierto». Lo aceptamos. Cuando comparamos y vemos que lo que se dice no coincide con lo que ya hemos aprendido, decimos: «Oh, eso está mal; no puedo aceptarlo». Y no aprendemos nada en ninguno de los dos casos.

Semillas de comprensión

Lo que escuchamos puede ser lo contrario de lo que «sabemos». Y si nos resistimos a lo que estamos escuchando, no entrará en nuestro corazón; no servirá para nada.

Cuando leas algo o escuches algo nuevo, no te esfuerces demasiado. Sé como la tierra. Cuando llega la lluvia, la tierra tan sólo se abre para recibirla. Deja que la lluvia del *Dharma* caiga y penetre en las semillas que están enterradas en lo más profundo de tu conciencia. Un maestro no puede darte la verdad. La verdad ya está en ti. Sólo tienes que abrirte –cuerpo, corazón y mente– para que las enseñanzas puedan permear la tierra de tu mente y regar tus propias semillas de comprensión e iluminación. Sólo tienes que dejar que las palabras penetren en ti; la tierra y las semillas harán el resto del trabajo.

Crear espacio

Cuando otra persona habla, ya sea nuestro padre, nuestra pareja, nuestro hijo, nuestro profesor, un hermano, debemos aprender a escucharla. Saber escuchar significa que le damos a la persona una oportunidad; permitimos que lo que oímos cale hondo. Para que eso sea posible, debemos crear espacio en nuestro corazón y en nuestra mente. Si nuestra taza ya está llena, ¿cómo vamos a poder verter más? La taza debe tener hueco, y nosotros también.

Cada uno de nosotros tiene muchas opiniones, muchos puntos de vista, y esas opiniones y puntos de vista pueden ser lo que llamamos visiones erróneas, llenas de sesgos, prejuicios, estereotipos o percepciones erróneas. Pero cuando nos desprendemos de nuestras opiniones y puntos de vista, cuando creamos espacio, entonces lo que dicen los demás puede penetrar de verdad. Así que, por favor, vacíate cuando escuches: ése es el arte de la escucha profunda.

Luchamos entre nosotros, nos asesinamos y hacemos la guerra porque no sabemos cómo hacer espacio en nuestro interior o cómo escuchar profundamente. Si aprendemos a hacerlo, tendremos muchas posibilidades de construir la paz y ayudar a la humanidad.

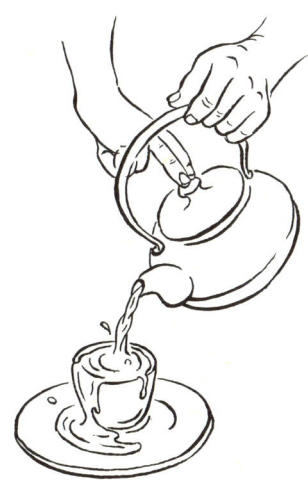

Un corazón como un río

Según las enseñanzas de Buda, todo el mundo tiene la semilla de la ecuanimidad en su interior: la capacidad de aceptar o abrazar lo que es. Si alguien dice algo que no nos gusta, sufrimos. Pero que suframos mucho o poco, o que no suframos en absoluto, depende de la capacidad receptora de nuestro corazón. Si practicamos, si nos entrenamos, la capacidad de nuestro corazón crecerá.

Buda dijo una vez: «Imaginad que alguien echa un puñado de sal en un pequeño cuenco de agua. Monjes, ¿creéis que el agua será potable?». Y los monjes respondieron: «El agua estará demasiado salada para poder beberla». Entonces Buda contestó: «Pero si arrojarais el mismo puñado de sal al río, ¿sería potable el agua del río?». Y los monjes dijeron, «Sí, el río es inmenso. El puñado de sal no podría hacer que el agua del río supiera salada».

A nosotros nos ocurre lo mismo. Si nuestro corazón es pequeño, las palabras injustas nos harán enojar. Si nuestro corazón es grande, como el río, entonces esas palabras no tendrán ningún efecto sobre nosotros. Podemos seguir sonriendo, podemos seguir siendo tan libres, pacíficos y alegres como antes. Por lo tanto, la práctica de la ecuanimidad nos ayuda a mirar profundamente, a ver la verdad con claridad y a permitir que crezca en nosotros el corazón de la comprensión y el amor. Entonces nuestro corazón se vuelve como un río; la gente puede arrojarle veinte o treinta kilos de sal, que nosotros no sufriremos.

Un corazón omniabarcante

Cuando nuestro corazón es grande, abrazamos por igual a «amigos» y a «enemigos»; los amamos por igual y son igualmente objeto de nuestra compasión. Así que podemos practicar para que nuestro corazón sea cada vez más amplio.

La compasión nos sana

La compasión corresponde a la intención y a la capacidad de aliviar y transformar el sufrimiento en nosotros mismos, en la otra persona y en el mundo. Para desarrollar la compasión, necesitamos practicar la respiración plenamente consciente, la escucha profunda y la mirada profunda. Del mismo modo que reconocemos el sufrimiento en nosotros mismos, podemos reconocer y abrazar el sufrimiento en las personas que nos rodean. Escuchando el sufrimiento, abrazándolo, aspiramos a comprenderlo. Cuando entramos en contacto con nuestro propio sufrimiento y empezamos a comprenderlo, surge la energía de la compasión. Cuando nace la energía de la compasión, empieza a sanarnos, a sanar a la otra persona y a sanar el mundo.

En mis años de novicio, no podía entender por qué, si el mundo estaba lleno de desgracias, Buda seguía teniendo una sonrisa tan bella y apacible.

¿Por qué no le perturbaba todo ese dolor? Más tarde descubrí que es porque Buda tenía suficiente comprensión, calma y fuerza interior; por eso no se sentía abrumado por todo el sufrimiento que lo rodeaba o que yacía en su interior. Podía sonreírle porque sabía cómo ocuparse de él y transformarlo. Debemos ser conscientes del dolor, pero también debemos conservar nuestra claridad, calma y fuerza para poder ayudar a transformar la situación. Un océano de lágrimas no puede ahogarnos si la compasión nos mantiene a flote.

Escuchar a una persona que sufre sin asumir su dolor

S i la otra persona no sabe gestionar su propio sufrimiento, se convertirá en la primera víctima de su sufrimiento; nosotros seremos tan sólo la segunda víctima. Si estuviéramos en su lugar, incapaces de manejar el dolor con el que cargamos interiormente, haríamos lo mismo: seguiríamos sufriendo y haríamos sufrir también a los que nos rodean. Éste es el tipo de visión correcta que se genera a través de la plena consciencia: cuando vemos el sufrimiento en la otra persona, ya no la culpamos; sólo queremos ayudarla a sufrir menos. Eso significa que la compasión ha nacido en nosotros.

Buda aconsejó una vez a su hijo Rahula que practicara el ser como la tierra. La gente arroja todo tipo de cosas a la tierra, desde flores hasta basura, y ella lo recibe todo con ecuanimidad, sin juzgarlo. La tierra tiene el poder de transformar todas estas cosas. Podemos aprender a practicar con ecuanimidad como la Madre Tierra. Podemos recibir cualquier cosa que alguien nos diga sin asumir su sufrimiento.

La capacidad de ofrecer bienestar

Hay personas con las que es muy agradable estar; con sólo sentarnos cerca de ellas, sentimos su maravillosa energía de amor y bienestar. Una persona que cultiva el amor benevolente es así: su sola presencia es refrescante y sanadora.

El amor benevolente es la capacidad de ofrecer bienestar y felicidad. No puedes ofrecer algo que no tienes. Con la práctica de la calma, la mirada profunda y la comprensión, permites que la energía del amor benevolente crezca dentro de ti; tú eres el primero en beneficiarte de esa energía. Experimentas dicha, solidez, libertad y bienestar, y tu presencia ofrecerá naturalmente a la persona con la que estés ese mismo tipo de energía. Antes de que hagas o digas nada, tu presencia ya puede hacerlos felices, porque en ti está la energía del amor benevolente.

Al observar con profundidad y comprender, podemos ofrecer alegría y felicidad al otro; podemos darle lo que realmente necesita.

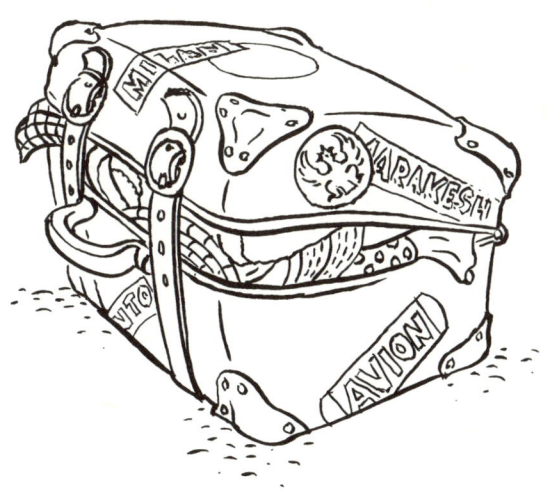

Escuchar con compasión para aliviar el sufrimiento

A veces basta con escuchar profundamente a alguien durante media hora para que se sienta aliviado de su sufrimiento. Pero para hacerlo debes estar realmente presente, en el aquí y el ahora, con compasión en tu corazón. Diga lo diga la otra persona, aunque sea falso o provenga de una idea errónea, aunque esté lleno de amargura, culpa y falsas acusaciones, mientras puedas permanecer tranquilo y abierto no generará ira ni irritación en ti. Estarás protegido por tu propia compasión y calma. Sabrás que estás escuchando con un único propósito: ayudar a la otra persona a aliviar su sufrimiento.

Si la interrumpes y la corriges, convertirás la sesión en un debate y perderás la oportunidad de ayudarla. Aunque más adelante tal vez puedas ayudarla a corregir sus ideas erróneas, de momento limítate a escuchar con compasión y con el corazón y la mente abiertos.

Energías del *bodhisattva*

En el budismo, el *bodhisattva* Avalokiteshvara, o Guanyin, es experto en el arte de la escucha profunda, y el *bodhisattva* Manjushri tiene la capacidad de mirar profundamente. Estos *bodhisattvas* de la escucha profunda y la mirada profunda se encuentran dentro de nosotros. Cuando practicamos la mirada profunda para comprender el sufrimiento de alguien, el *bodhisattva* Manjushri vive en nosotros, y cuando escuchamos con compasión para comprender el sufrimiento y el dolor de la otra persona, el *bodhisattva* Avalokiteshvara también vive en nosotros. No se trata de creer en la existencia de un dios o de los *bodhisattvas*. La cuestión es si tenemos la capacidad de tocar la energía compasiva que hay en nosotros y expresarla mediante nuestro modo de mirar y escuchar profundamente. Cultivamos esta capacidad mediante la práctica continuada.

Conocer nuestros límites

Ser escuchado por alguien que sabe escuchar profundamente es una oportunidad muy valiosa y puede suponer un gran alivio. Pero hay veces en las que escuchar no traerá sosiego alguno, por ejemplo, cuando alguien repite cosas que riegan las semillas negativas de ambos interlocutores. En este caso, no es inteligente seguir escuchando.

Si crees que no puedes seguir escuchando con compasión, díselo a la otra persona. Pregúntale a tu amigo: «¿Podemos continuar dentro de unos días? Necesito renovarme. Necesito practicar para poder escucharte de la mejor manera posible». Si no estás en buena forma, no vas a escuchar de la mejor manera posible. Practica la meditación caminando, la respiración consciente y la meditación sentada para recuperar tu capacidad de escucha compasiva.

Regar las semillas

Podemos practicar la plena consciencia de forma que podamos regar las semillas positivas que llevamos dentro y dejar descansar las negativas. En la psicología budista, utilizamos un círculo dividido por la mitad para representar nuestra conciencia. La mitad superior representa la mente y el nivel inferior representa la conciencia almacén, que contiene la totalidad de todas las semillas posibles: semillas de bienestar y semillas de malestar. La conciencia de la mente es como el salón, y la conciencia almacén, como el sótano.

Cuando regamos una semilla con nuestra conciencia, se energiza y asciende desde el almacén al nivel superior, la conciencia mental. Una vez en la conciencia mental, ya no se llama semilla, sino formación mental.

En las profundidades de nuestra conciencia hay semillas beneficiosas de amor, compasión, alegría, perdón, etcétera. Pero también hay otras semillas en la conciencia almacén: la ira, el miedo, la desesperación y el trauma, están todos allí.

Cambiar la clavija

Debemos entrenar para no permitir que las semillas no beneficiosas se manifiesten. Dejamos que duerman tranquila y pacíficamente en la conciencia almacén. Si por casualidad la semilla de la ira, de la desesperación, de los celos, del sufrimiento o del trauma ya se ha manifestado como una formación mental, hacemos algo para ayudarla a volver a dormir como semilla en la conciencia almacén. Cuando una semilla se manifiesta en la conciencia mental y permanece allí durante mucho tiempo, la semilla se fortalece en la base. Por lo tanto, si se manifiesta una formación mental no beneficiosa, no permitas que permanezca demasiado tiempo.

Una forma de ayudarla a volver a bajar es invitar a una semilla beneficiosa a que suba y la sustituya. Buda utiliza la imagen de la clavija de un carpintero. Para unir dos piezas de madera, el carpintero hace un agujero en cada una, alinea los agujeros y clava una espiga. Pero si una clavija se pudre o ya no sirve, la cambia utilizando una clavija nueva para sacarla y reemplazar la antigua. Del mismo modo, cuando se manifiesta una formación mental no beneficiosa, debemos saber cómo sustituirla por una buena.

Haz de la felicidad algo habitual

La alegría y la felicidad siempre son posibles. Podemos crear un sentimiento de alegría, felicidad, serenidad, paz, autorrealización o perdón dando a las cosas beneficiosas la oportunidad de manifestarse.

Cuando surge algo beneficioso, debemos intentar mantenerlo con nosotros el mayor tiempo posible, como a un amigo en nuestra sala de estar. Cuanto más tiempo permanezca una semilla beneficiosa en nuestra conciencia mental, más fuerte se hará. Si las semillas de la felicidad y el amor se han hecho fuertes, se manifestarán por sí mismas; y la felicidad se convertirá, pues, en algo normal y corriente.

La comprensión es la base del amor

Cuando quieres a alguien, quieres que sea feliz. Pero siempre se cometen errores; tu amado sufre y tú también. Si no miras en profundidad y comprendes bien a la persona que amas, si no comprendes sus dificultades, su dolor, sus aspiraciones más profundas, te será imposible amarla y hacerla feliz.

La comprensión es la base del amor. Por eso es útil preguntarle: «Cariño, ¿crees que te comprendo lo suficiente? Sé que, si te malinterpreto, cometeré errores y te haré sufrir. Por favor, dime lo que hay en tu corazón: háblame de tu dolor, de tu miedo. Intentaré escucharte».

Ayudar a los demás a escuchar con palabras cariñosas

A la gente no le resulta fácil expresar lo que siente. Para que se sientan a gusto, hay que hablarles con cariño –con un lenguaje que inspire alegría y confianza– y animarlos con toda nuestra atención y habilidad. Haz todo lo posible para crear un entorno seguro en el que tengan la certeza de que no se les reprenderá, castigará o acosará cuando expresen su verdad.

También debes ser capaz de compartir tu propio sufrimiento con los demás. Puedes ayudarlos a escucharte hablando con amor, sin culparlos ni amargarlos. Si los culpas, acusas o criticas, les será difícil escucharte. Si les cuentas tu sufrimiento desde la compasión y la comprensión, te entenderán más fácilmente.

Escuchar para comprender, comprender para reconciliar

Si escuchas con plena consciencia a alguien con quien tienes un profundo conflicto, reconocerás que ha sufrido casi de la misma manera que tú. A medida que escuchas, ves que tiene el mismo miedo, rabia y desconfianza, y empiezas a verlo como un ser humano. Y cuando lo ves como un ser humano que sufre, el deseo de castigarlo se disuelve; empiezas a mirarlo con los ojos de la compasión.

Así es como puedes transformarte mediante la práctica de la escucha compasiva. Ahora, al mirar a la otra parte, sufres mucho menos porque puedes ver que ella también lo está pasando mal. Cuando los miras con esta consciencia, ellos ven la comprensión en tus ojos; sienten que los miras con amor y no con recelo, miedo o ira. La transformación se produce en ambas partes.

La mente del amor

En el budismo decimos que la aspiración más profunda es la *bodichitta*, la mente del amor. Al hacer florecer la mente del amor, das lugar a una fuerte aspiración por la paz, la compasión y la comprensión. «Me comprometo a desarrollar la comprensión y la compasión para convertirme en un instrumento de paz y amor que ayude a la sociedad y al mundo». Mediante este poderoso acto de voluntad –o poderosa volición–, podemos comprender a los demás de una forma en la que ellos mismos aún no se han comprendido. Y esta profunda aspiración está conectada con la comprensión de que todos estamos interconectados; intersomos, no somos seres separados. Mi felicidad es tu felicidad, del mismo modo que tu sufrimiento es también mi sufrimiento. La felicidad y el sufrimiento no son un asunto individual. Es a través de esta percepción del interser como podemos realmente comprender, como podemos realmente amar.

Interser

«Interser» significa que nada puede ser por sí solo, sino que sólo puede interser con todo lo demás. Supongamos que observamos profundamente una rosa, con plena consciencia y concentración. En poco tiempo, descubriremos que la rosa sólo está hecha de elementos que no son rosas. ¿Qué vemos en la rosa? Vemos la nube, la lluvia, el sol, la tierra, los minerales, al jardinero. Si eliminásemos todos los elementos no rosa, no quedaría flor alguna. Una rosa no puede ser ella misma por sí sola, sino que debe interactuar con todo el cosmos.

Podemos vivir nuestra vida cotidiana viéndolo a la luz del interser. Lograremos no quedarnos atrapados en nuestro pequeño yo o en la idea de un yo separado. Veremos nuestra conexión, nuestra alegría y nuestro sufrimiento en todas partes.

Liberarse de los complejos

Sabemos que el complejo de superioridad causa sufrimiento tanto en nosotros mismos como en los demás. El complejo de inferioridad, o baja autoestima, es la raíz de muchos problemas y enfermedades mentales. Así pues, podemos creer que la igualdad es la mejor solución, pero la noción de igualdad es también la causa de mucho sufrimiento.

En términos políticos, decimos que tenemos «derecho a ser iguales», pero si miramos en profundidad, vemos que compararnos con los demás –la comparación en sí misma– es la raíz de nuestro sufrimiento. Creer que «Soy mejor que ellos» es la expresión de un complejo de superioridad. «Soy peor que ellos, no puedo alcanzarlos» es una expresión de un complejo de inferioridad. Sin embargo, creer que «Soy su igual, soy tan bueno como ellos» también es un complejo: el complejo de igualdad. Debemos practicar para reconocer y liberarnos de los tres complejos. Los tres nos causan sufrimiento.

Sin compararnos

Buda enseñó que no existe el yo; por lo tanto, no hay comparación. Cuando ya no nos comparamos, la felicidad está aquí.
Podemos decir: «Cariño, tú eres yo y yo soy tú. Tu sufrimiento es
mi sufrimiento. Tu felicidad es mi felicidad». Esta visión profunda
del interser es sumamente crucial.

Mirando en profundidad, ves que sólo inter-eres; no puedes
ser tú mismo solo, debes interser la otra persona. Por eso, en
Plum Village, decimos: «Tú eres, luego yo soy». No vemos a un
individuo que sufra solo o que sea feliz solo. En la práctica de
la plena consciencia, no sólo intentamos eliminar los complejos
de superioridad e inferioridad; también intentamos eliminar el
complejo de igualdad. Mientras te sigas comparando, sufrirás.

Pero con la visión profunda del interser ya no te compararás, porque sabes que tú eres ellos y ellos son tú; hay armonía, paz y felicidad.

La sabiduría
de la no discriminación

M i mano derecha ha escrito todos mis poemas, excepto uno, que fue escrito con una máquina de escribir y mis dos manos. Sin embargo, mi mano derecha nunca ha tenido complejo de superioridad. Mi mano izquierda, aunque haya ayudado a escribir tan solo un poema y no haya hecho nada de caligrafía, no sufre complejo de inferioridad.

Un día estaba intentando colgar un cuadro en la pared. Tenía un clavo en la mano izquierda y un martillo en la derecha. En lugar de golpear el clavo, me golpeé un dedo de la mano izquierda. La mano izquierda sufrió, y enseguida la mano derecha dejó el martillo y cuidó de la mano izquierda de la forma más tierna, como si cuidara de sí misma. La mano derecha no lo vio como su deber; consideró que el dolor de la otra mano era también su dolor. Mi mano derecha no dice: «Yo soy yo y tú eres tú, por tanto somos manos diferentes». Del mismo modo, mi mano izquierda no se enfada; no dice: «Mano derecha, has sido injusta conmigo. ¡Dame ese martillo! Quiero hacer justicia». Por suerte, mis dos manos tienen la sabiduría de la no discriminación. Saben que son una, no dos. Saben que interson y no piensan en la venganza ni en el castigo.

La sabiduría de la no discriminación es innata en nosotros; y también existe en la otra persona. Pero si permitimos que las percepciones erróneas y las energías de hábito la encubran (el individualismo, el egocentrismo y el egoísmo, por ejemplo), no podrá manifestarse. La práctica de la meditación nos ayuda a reconocer la semilla de la no discriminación en nosotros. Si cultivamos esta semilla y la regamos cada día, se manifestará plenamente y nos liberará.

Visión correcta

Cuando escuchamos nuestro propio sufrimiento, observamos profundamente la naturaleza de nuestro malestar y nuestras dificultades, empezamos a tener visión profunda. A esa visión la llamamos visión correcta.

Utilizamos la palabra «punto de vista», pero nos referimos más exactamente al abandono de todos los puntos de vista. Podríamos decir que la visión correcta es la no visión. La visión correcta elimina todos los puntos de vista, porque la verdad no puede describirse en estos términos. Un punto de vista es siempre parcial. Si decimos que el elefante se parece a un pilar por su pata o se parece a una escoba por su cola, no vemos toda la verdad; nuestro enfoque es limitado y sólo nos permite ver una parte del elefante.

Con la visión correcta descubrimos la naturaleza de la interconexión y la interdependencia entre todas las cosas. Vemos que la felicidad y las dificultades interson. Sin dificultades, sin sufrimiento, no podemos ser felices. El sufrimiento es el abono del cual crecen las flores de la felicidad.

Al mirar a la derecha
se ve la izquierda

L a verdad de la no dualidad es evidente en todos los fenómenos: izquierda y derecha, arriba y abajo, bueno y malo, bienestar y malestar, todo y todos están interconectados. Todo inter-es. Cuando miras hacia la derecha, puedes ver a la izquierda; pues no puedes tener una sin la otra. Cuando miras la fealdad, puedes ver la bondad y la belleza.

Esta forma de mirar requiere de práctica. Debemos mirar profundamente en la fealdad para ver la bondad. Debemos trascender nuestra mirada para abrazar, aceptar y comprender.

El «otro bando»

Al mirar en profundidad, nos damos cuenta de que tenemos percepciones erróneas tanto sobre nosotros mismos como sobre el «otro bando». Deberíamos intentar eliminar nuestras propias percepciones erróneas escuchando a otros líderes políticos, en Europa, en Asia, en África y en todas partes. Nuestras propias percepciones erradas conducen al conflicto, al sufrimiento y a la guerra. Para evitar la sangre y la violencia, tenemos que transformar las percepciones erróneas, tanto las nuestras como las del otro bando. No hay otro camino.

El verdadero enemigo

Nuestro enemigo no se encuentra fuera de nosotros. Nuestro verdadero enemigo es la ira, el odio y la discriminación presentes en cada uno de nuestros corazones y mentes. Tenemos que identificar al verdadero adversario y buscar formas no violentas de eliminarlo.

Desenmarañar el ciclo del odio

Si somos capaces de ver las fuentes del sufrimiento en nosotros mismos y en la otra persona, podemos empezar a desenmarañar el ciclo del odio y la violencia. Cuando nuestra casa se incendia, primero debemos apagar el fuego antes de investigar su causa. Del mismo modo, si primero apagamos la ira y el odio en nuestro propio corazón, tendremos la oportunidad de investigar a fondo la situación. Entonces podremos mirar con visión profunda para determinar las causas y las condiciones que han contribuido al odio y la violencia que experimentamos en nosotros mismos y en nuestro mundo.

Más allá de las negociaciones de paz

Cuando hay una guerra en nuestro interior, inevitablemente se produce una guerra con los demás. Por eso, volver a hacer las paces en nuestro interior, con nosotros mismos, con nuestro grupo, es la práctica básica de la paz.

Si, en nuestra comunidad o sociedad, no podemos escucharnos ni comprendernos, ¿cómo podemos esperar escuchar y comprender a otras comunidades o naciones? Sufren miedo, ira y frustración, igual que nosotros. Por mucho que negociemos la paz, no lo conseguiremos mientras haya miedo, ira y frustración en ambos bandos. Por eso, la paz no es algo que pueda conseguirse sólo mediante la negociación. En primer lugar, se llega a ella escuchándonos a nosotros mismos (nuestro sufrimiento, nuestras dificultades) para poder restablecer la armonía interior. Cuando hayamos sido capaces de escuchar y abrazar nuestro propio sufrimiento, permitiremos que se transforme, y entonces seremos capaces de comunicarnos con la otra parte para ayudarla a hacer lo mismo.

Instrumentos de paz

Debemos vivir nuestras vidas de modo que contribuyamos al despertar colectivo de nuestra sociedad. La situación de nuestro mundo es demasiado importante (y urgente) para confiarla sólo a los políticos. Debemos ayudar a nuestros líderes políticos a ver la situación más claramente, a ver que su actual forma de actuar está causando mucha destrucción, daño y odio.

La violencia no funciona. Si queremos detenerla, debemos utilizar la escucha compasiva y la palabra amable para eliminar las percepciones erróneas que están en la base del odio y la violencia. No necesitamos instrumentos de violencia como bombas y pistolas si podemos usar el instrumento de la escucha profunda y compasiva.

Empieza ahora mismo

Podemos empezar ahora mismo a calmar nuestra ira, a examinar en profundidad las raíces del odio y la violencia en nuestra sociedad y nuestro mundo, y a escuchar con compasión para oír y comprender lo que todavía no hemos sido capaces de escuchar y comprender. Cuando la compasión toma forma en nuestros corazones y mentes, empezamos a desarrollar respuestas concretas a nuestra situación. Una vez que hemos escuchado y mirado profundamente, podemos empezar a desarrollar la energía de la hermandad entre todas las naciones, que es la herencia espiritual más profunda de todas las tradiciones religiosas y culturales. De este modo, la paz y la comprensión en el mundo entero aumentarán día a día.

Prácticas
para escuchar

Escuchar la campana

A veces necesitamos un sonido que nos recuerde volver a prestar atención a nuestra respiración consciente. A estos sonidos los llamamos «campanas de plena consciencia». En Plum Village y en los demás centros de práctica de mi tradición, nos detenemos y escuchamos cada vez que oímos sonar el teléfono, el reloj o la campana del monasterio. Éstas son nuestras campanas de plena consciencia. Cuando oímos el sonido de la campana, dejamos de hablar y de movernos. Relajamos el cuerpo y tomamos consciencia de nuestra respiración. Lo hacemos con naturalidad, con gozo y sin solemnidad ni rigidez innecesarias. Cuando nos detenemos a respirar y recuperamos la calma y la paz, nos liberamos, nuestro trabajo se vuelve más placentero y el amigo que tenemos delante deviene más auténtico.

A veces nuestros cuerpos pueden estar en casa, aunque no estemos verdaderamente en casa: nuestra mente está en otra parte. La campana puede ayudar a que la mente vuelva al cuerpo. Como la campana puede ayudarnos a volver a nosotros mismos, al momento presente, consideramos que la campana es como un *bodhisattva*, un amigo que nos ayuda a despertar de nuevo a nosotros mismos. Con sólo tres respiraciones conscientes, podemos liberar la tensión de nuestro cuerpo y nuestra mente y volver a un estado de frescura y claridad mental.

En nuestra tradición, no decimos «tocar» la campana; decimos «invitar la campana a sonar». La persona que invita a la campana es el maestro de campanas. Llamamos «invitador» al palo de madera que invita a la campana. Hay muchos tipos de campanas: campanas grandes que puede oír todo el pueblo o

el vecindario; campanas más pequeñas que anuncian activi-
dades y se oyen por todo el centro de práctica; el cuenco de
la sala de meditación que nos ayuda a respirar y permanecer
sentados. Y la minicampana, de bolsillo, que podemos llevar
a todas partes.

Invita a la campana a sonar e inspira y espira profundamente
tres veces. Si te gusta inspirar y te gusta espirar, después de tres
inspiraciones y tres espiraciones te sentirás relajado, tranquilo,
sereno, y consciente. Puedes recitar este poema mientras lo haces:

Escucha, escucha.
Este maravilloso sonido me devuelve a mi verdadero hogar.

«Escucha, escucha» significa escuchar con todo el corazón cuando inspiras. «Mi verdadero hogar» es la vida, con todas sus mara-
villas disponibles en el aquí y el ahora. Si practicas bien, el Reino

de Dios y la Tierra Pura de Buda te abrirán sus puertas siempre que vuelvas a tu casa con el sonido de la campana.

Si permanecemos firmes, despiertos, libres y conscientes, entonces el sonido de la campana que ofrecemos puede ayudar a la gente a tocar lo más profundo de su interior.

> Cuerpo, palabra y mente en perfecta unidad,
> envío mi corazón junto con el sonido de esta campana.
> Que quienes la oigan despierten del olvido y
> trasciendan el camino de la ansiedad y la tristeza.

El sonido de la campana es la voz de Buda que te llama de vuelta a ti mismo, de vuelta al momento presente, a tu verdadero hogar. Cada vez que la oyes, tocas la naturaleza búdica que yace en ti. Nos refugiamos en el momento presente, en la isla interior. Y acto seguido nos volvemos más firmes, más estables, y sufrimos menos.

Escuchar la campana con los niños

Tengo muchos amigos, algunos muy jóvenes, a los que les encanta practicar la invitación a la campana y escuchar su tañido. Por la mañana, antes de ir al colegio, se sientan, invitan a la campana a sonar y disfrutan inspirando y espirando. De este modo, los niños pueden empezar el día con paz, serenidad y solidez. Así, en lugar de decir «Que tengáis un buen día» a los miembros de tu familia, empieza mejor el día invitándolos a sentarse contigo y a inspirar y espirar con el sonido de la campana. Antes de iros a dormir, podéis sentaros juntos, como una familia, y practicar este inspirar y espirar junto al sonido de la campana.

Un joven maestro de la campana debe saber que su inspiración y espiración son más cortas que las de un adulto. Así que, después de haber invitado a la campana a sonar, deben disfrutar de la inspiración y la espiración tres veces y luego dejar un poco más de tiempo para que los adultos disfruten plenamente de sus tres inspiraciones y espiraciones. Es importante que podamos respirar con plena consciencia por nosotros mismos, pero cuando toda la familia respira junta, se crea un tipo de energía maravillosa que abraza a todos.

Meditación del teléfono

Cuando suena el teléfono, el sonido crea en nosotros una especie de vibración, quizá algo de ansiedad. «¿Quién llama? ¿Serán buenas o malas noticias?». Hay una fuerza que nos atrae hacia el teléfono. No podemos resistirnos. Somos víctimas de nuestro propio aparato.

La próxima vez que oigas sonar el teléfono, te recomiendo que te quedes exactamente donde estás y tomes conciencia de tu respiración: «Al inspirar, calmo mi cuerpo. Al espirar, sonrío». Cuando suene el teléfono por segunda vez, puedes volver a respirar. Estoy seguro de que esta vez tu sonrisa será más sólida que antes. Cuando suene por tercera vez, puedes seguir practicando la respiración, mientras te mueves lentamente para contestar al teléfono. Recuerda que eres tu propio maestro, que habitas en la plena consciencia. Cuando contestes la llamada, sabrás que estás sonriendo, no sólo por tu propio bien, sino también por el bien de aquel o aquella que se encuentren en el otro extremo de la línea. Pues si estás irritado o enfadado, la otra persona recibirá tu negatividad. Pero si sonríes, ¡qué suerte para ellos!

Escuchar a nuestro niño interior

Cuando hablamos de escuchar con compasión, solemos pensar en escuchar a otra persona. Pero también debemos escuchar al niño herido que guardamos dentro. A veces, el niño herido que llevamos dentro necesita toda nuestra atención. Ese niño puede surgir de las profundidades de tu conciencia y pedir tu atención. Si estás consciente, escucharás su voz pidiendo ayuda. En ese momento, en lugar de prestar atención a lo que tengas delante, busca un lugar tranquilo para volver atrás y abrazar con ternura al niño herido. Puedes hablar directamente al niño con el lenguaje del amor, diciéndole: «En el pasado, te dejé solo. Me alejé de ti. Lo siento mucho. Ahora voy a abrazarte».

Puedes decir: «Cariño, estoy aquí para ti. Cuidaré bien de ti. Sé que sufres mucho. He estado muy ocupado. Te descuidé, pero ahora he aprendido a volver hacia ti». Escucha y, si lo necesitas, llora junto a ese niño.

Siempre que lo necesites, puedes sentarte y respirar con el niño. «Inspirando, vuelvo a mi niño herido; espirando, cuido bien de mi niño herido».

Tienes que hablar con él o ella varias veces al día. Sólo así empezará la sanación. Al abrazarlo con ternura, le aseguras que nunca volverás a fallarle ni a dejarlo desatendido. El niño pequeño ha estado solo durante mucho tiempo. Por eso hay que empezar esta práctica enseguida.

Pues si no lo haces ahora, ¿cuándo lo harás?

Escuchar la voz
de nuestros antepasados

Con la práctica, podemos ver que nuestro niño herido no somos sólo nosotros. Nuestro niño herido puede representar a varias generaciones.

Nuestra madre puede haber sufrido durante toda su vida. Nuestro padre puede también haberlo pasado muy mal. Quizás nuestros padres no fueron capaces de cuidar del niño herido que llevaban dentro. Así que, cuando abrazamos al niño herido en nosotros, estamos abrazando a todos los niños heridos de nuestras generaciones pasadas. Esta práctica no es para nosotros solos, sino para innumerables generaciones de antepasados y descendientes.

Puede que nuestros antepasados no supieran cómo cuidar

de su niño herido interior, así que nos transmitieron a nosotros su niño herido interior. Nuestra práctica consiste en poner fin a este ciclo. Las personas que nos rodean, nuestros familiares y amigos, también pueden tener un infante gravemente lastimado en su interior. Si hemos conseguido ayudarnos a nosotros mismos, también podremos ayudarlos a ellos. Cuando nos hemos curado a nosotros mismos, nuestras relaciones con los demás se vuelven mucho más fáciles. Hay más paz y más amor entre nosotros.

Vuelve y cuídate. Tu cuerpo te necesita, tus sensaciones te necesitan, tus percepciones te necesitan. El niño herido dentro de ti te necesita. Tu sufrimiento necesita que lo escuches y lo reconozcas. Vuelve a casa y quédate ahí atendiendo a todas estas cosas. Practica el caminar y el respirar con consciencia. Hazlo todo con plena consciencia para que puedas estar realmente ahí, para que puedas amar.

Cuidar la ira
y otras emociones fuertes

Nuestra ira es como un niño pequeño que llora a su madre. Cuando un bebé llora, la madre lo coge en brazos con delicadeza, lo escucha y lo observa atentamente para averiguar qué le pasa. La acción cariñosa de sostener al bebé con ternura ya alivia su sufrimiento. Del mismo modo, podemos tomar nuestra ira en nuestros brazos amorosos, escuchar y sentirnos aliviados de inmediato.

No tenemos por qué rechazar nuestra ira. Es una parte de nosotros que necesita nuestro amor y nuestra escucha profunda, igual que un bebé. Cuando el bebé se ha calmado, la madre puede comprobar si tiene fiebre o si necesita que le cambien el pañal.

Cuando nos sentimos tranquilos y calmados, también podemos observar profundamente nuestra ira y advertir las condiciones que permiten que aumente.

Meditar caminando cuando estás enfadado

Cuando te sientas enfadado, lo mejor es que te abstengas de decir o hacer nada. Puedes retirar tu atención de la persona o situación que está sembrando la semilla de la ira en ti. Tómate este tiempo para volver a ti mismo. Practica la respiración consciente y la meditación caminando al aire libre para calmar y refrescar la mente y el cuerpo. Cuando te sientas más tranquilo y relajado, puedes empezar a observarte profundamente a ti mismo y a la persona o situación que está provocando que surja la ira en ti.

La meditación caminando puede ser muy útil cuando estás enfadado. Prueba a recitar estos versos mientras caminas:

> Inspirando, sé que la ira está en mí.
> Espirando, sé que esta sensación es desagradable.

Y luego, después de un rato de meditación caminando:

> Al inspirar, siento calma.
> Al espirar, me vuelvo lo bastante fuerte
> como para cuidar de esta ira.

Hasta que no estés lo bastante calmado para observar directamente la ira, limítate a disfrutar de tu respiración, de tu caminar y de la belleza del aire libre. Al cabo de un rato, la ira remitirá y te sentirás con fuerzas para mirarla de frente e intentar comprender sus causas y empezar a transformarla.

Respiración abdominal

Cuando surge una emoción fuerte, digámosle: «No eres más que una emoción». Una emoción es algo que surge, permanece durante algún tiempo y finalmente desaparece.

Nuestra persona está formada por nuestro cuerpo, sensaciones, percepciones, formaciones mentales y conciencia. El territorio es vasto. Tú eres mucho más que una emoción. Ésta es la visión profunda que obtienes cuando surge una emoción fuerte. «Hola, emoción mía. Sé que estás ahí. Cuidaré de ti». Practica una respiración abdominal profunda y consciente, y sabrás que puedes manejar la tormenta que haya surgido en ti.

Puedes sentarte en una posición cómoda en el suelo o tumbarte. Ponte la mano en el estómago, inspira profundamente, espira profundamente y toma conciencia del subir y bajar de tu abdomen. Deja de pensar. Sólo sé consciente de tu respiración y del movimiento de tu cuerpo. «Inspirando, mi abdomen sube. Al espirar, mi abdomen baja». Concéntrate completamente en este subir y bajar del abdomen. Deja de pensar, porque cuanto más pienses en lo que te está molestando, más fuerte se volverá tu emoción.

Mientras practiques así, no te permitas permanecer en el nivel de tu pensamiento. Lleva tu conciencia al nivel de tu respiración, justo debajo del ombligo. Sé consciente de este subir y bajar del abdomen, cíñete a él y estarás a salvo. Es como un árbol en una tormenta: cuando observas la copa del árbol, ves que las ramas y las hojas se balancean violentamente de un lado a otro con el viento, lo cual puede darte la impresión de que el árbol se va a romper o se lo va a llevar el viento. Mas si diriges tu atención al tronco te percatarás de lo estable que es y sabrás que el árbol está profunda y firmemente arraigado en la tierra, de modo que no se lo va a llevar el viento. Sabes que resistirá la tempestad. Cuando estés envuelto en un temporal de fuertes emociones, no te quedes en la copa del árbol, en el nivel del pensamiento. Detén el pensamiento. Baja al tronco, a tu abdomen. Abraza el tronco y centra el cien por cien de tu atención en la subida y bajada del abdomen. Mientras mantengas una respiración consciente y te centres únicamente en el subir y bajar del abdomen, estarás a salvo.

No esperes a que surja una emoción fuerte para empezar con esta práctica de respiración consciente o te olvidarás de qué hacer cuando más te haga falta. Tenemos que empezar a practicar ahora mismo, cuando el cielo está despejado y no hay tormentas en el horizonte. Si practicamos durante cinco o diez minutos cada día, recordaremos de forma natural cómo practicarlo cuando más lo requiramos, y podremos sobrevivir muy fácilmente a la embestida de una emoción fuerte.

Reuniones conscientes

Las reuniones pueden ser a menudo fuente de tensión, estrés y conflicto, por lo que en Plum Village tenemos ciertas prácticas que nos ayudan a escucharnos bien unos a otros y a mantener la paz y la armonía durante las reuniones.

Antes de empezar una reunión, nos sentamos en silencio y volvemos a nosotros mismos. Escuchamos el sonido de la campana, que nos ayuda a centrarnos en la respiración y en el momento presente, a calmar el cuerpo y la mente y a dejar marchar las preocupaciones. Después, leemos un texto que nos recuerda que debemos hablar con amor y escuchar profundamente, honrar, respetar y estar abiertos a las opiniones de los demás y practicar el desapego hacia nuestras propias opiniones. Sabemos que la armonía de la comunidad es el elemento más importante para nuestra felicidad colectiva y que si estamos apegados a nuestros puntos de vista individuales, o intentamos imponerlos a los demás, crearemos sufrimiento. Así que practicamos el estar abiertos a escuchar la experiencia y visión profunda de los demás.

Invitamos a todo el mundo a expresar sus ideas y llegamos a un consenso después de escuchar las opiniones de todos. Sabemos que la sabiduría colectiva y la visión clara de todo el grupo son mayores que la sabiduría de cualquiera por sí solo. Si no llegamos a un consenso, acordamos volver a discutir el asunto más adelante.

Durante la reunión, practicamos el habla amorosa y la escucha profunda. Dejamos hablar a una persona cada vez; nunca interrumpimos. Mientras una persona habla, los demás practican la escucha profunda, intentando entender lo que esa persona quiere decir. Escuchar profundamente significa escuchar con atención lo que la otra persona dice y lo que no dice. Practicamos la escucha sin juzgar ni reaccionar. No nos quedamos atrapados en contiendas verbales. Hablamos desde nuestra propia experiencia y nos dirigimos a todo el grupo y, si tenemos preguntas, las colocamos en el centro del círculo para que todos las pueden contemplar y abordar.

Puede resultarle útil leer el texto siguiente antes de iniciar una reunión o, si lo prefieres, adáptalo a tus necesidades.

Meditación antes de una reunión

Nos comprometemos a celebrar esta reunión con un espíritu de unidad, mientras revisamos todas las ideas y las consolidamos de forma armoniosa.

Nos comprometemos a utilizar los métodos de la palabra amorosa y la escucha profunda para lograr el éxito de este encuentro.

Juramos no dudar en compartir nuestras ideas y percepciones y nos comprometemos a no decir nada cuando la sensación de irritación nos invada.

Estamos determinados a no permitir que la tensión se acumule en esta reunión.

Si alguien siente que empieza a haber tensión, pararemos y volveremos a respirar de inmediato, para restablecer la atmósfera de unión y armonía.

Escuchar a los más jóvenes

Como adultos, podemos pensar que acumulamos mucha sabiduría y experiencia, mientras que los niños saben muy poco porque aún son pequeños. Muchas generaciones de padres, profesores y hermanos mayores han considerado que las opiniones de los niños no importan demasiado. Creen que saben qué es lo mejor para las nuevas generaciones, pero esto no es necesariamente cierto. Si los adultos o mayores no han comprendido aún o escuchado en profundidad las dificultades y los deseos profundos de los jóvenes –sus hijos, sus hermanos pequeños–, no pueden amarlos de verdad. El amor tiene que surgir de la comprensión; cuando no es así, es dañino. Sin ser conscientes de ello, los padres suelen hacer sufrir a sus hijos en nombre del amor.

Lo más importante es mantener viva la comunicación. En una familia, por ejemplo, podemos tener una reunión semanal entre padres e hijos. Sentados juntos, tenemos la oportunidad de hablar de temas importantes para nuestra felicidad. Si un niño sufre de problemas en la escuela, o si los mayores tienen un dilema en el trabajo, se puede exponer y toda la familia puede ofrecer su visión sobre cómo mejorar la situación. No tenemos que llamarnos budistas para practicar de esta manera. Se trata simplemente de aportar paz y alegría a nuestra familia y a nuestra comunidad.

El habla amorosa y la escucha profunda son dos métodos maravillosos para abrir las puertas de la comunicación con los niños; ambas son cruciales para que semejante tipo de encuentro tenga éxito. Si eres padre, no debes utilizar el lenguaje de la autoridad, sino el del amor cuando hables con tus hijos. Cuando puedas hablar con el lenguaje del amor y la comprensión, tus hijos acudirán a ti y te contarán sus dificultades, sufrimientos e inquietudes. Con esta clase de comunicación comprenderás mejor a tus hijos y podrás amarlos aún más. Si tu amor no se basa en la compresión, tus hijos no lo sentirán como amor.

Para amar de verdad, puedes decirle a tu hijo: «Amor mío, ¿crees que te comprendo lo suficiente? ¿Crees que comprendo tus dificultades y tu sufrimiento? Dímelo, por favor. Quiero saberlo para poder amarte de tal manera que nunca te haga daño».

También puedes decir: «Cariño, por favor, dime la verdad. ¿Crees que te comprendo? ¿Entiendo tu sufrimiento, tus problemas y tus deseos más profundos? Si aún no los entiendo, ayúdame a entenderlos. Porque si no te comprendo, seguiré haciéndote sufrir en nombre del amor». Esto es lo que llamamos habla amorosa.

Cuando tu hijo te hable, por favor practica la escucha profunda. A veces te dirá algo que te sorprenderá. Puede incluso que sea lo contrario del modo en que ves las cosas. De todos modos, escucha profundamente. Por favor, deja que tu hija o hijo hable libremente. No le cortes mientras habla ni critiques lo que dice. Cuando escuches con todo tu corazón, durante media hora, una hora o incluso tres horas, empezarás a verlos de verdad, a comprenderlos más profundamente.

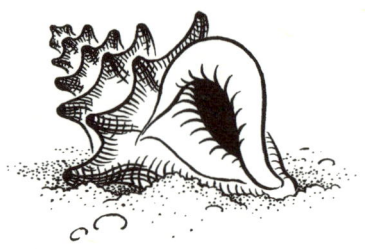